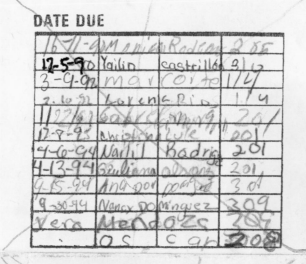

MI PRIMER LIBRO DE

EL DIA DE LAS BRUJAS

por Colleen L. Reece
ilustrado por Pam Peltier
versión en español de Alma Flor Ada

creado por The Child's World

 CHILDRENS PRESS ®
CHICAGO

DEDICATORIA

para Jennifer

Susan

Rebecca

con el cariño de Colleen

Library of Congress Cataloging-in-Publication Data

Reece, Colleen L.
  Mi primer libro de el Día de las Brujas.

  Traducción de: My first Halloween book.
  Resumen: Contiene poesías de varios temas
relacionados con el Día de las Brujas, incluyendo trato-o-
truco, brujas, casas embrujadas y monstruos.
    1. Día de las brujas—Poesía juvenil. 2. Poesía infantil
norteamericana—Traducciónes en español. 3. Poesía
infantil española—Traducciones del inglés. [1. Día de las
brujas—Poesía. 3. Poesía norteamericana.
  4. Materiales en español] I. Peltier, Pam, il.
  II. Child's World (Empresa) III. Título.
PS3568.E3646M9518 1986   811'.54   85-31396
ISBN O-516-52902-1 Paperbound
ISBN O-516-32902-2 Library Bound

MI PRIMER LIBRO DE

EL DIA DE LAS BRUJAS

Día de las Brujas

Afuera la pálida luna brilla;
adentro cuelga una guirnalda amarilla.
Una linterna de calabaza
sonríe en la puerta de la casa.
Tres murciélagos pasan en vuelo
y hay un gato negro en el suelo.
¿Qué día es hoy?
   Es fácil adivinar.
   Es el día en que las brujas
   salen a pasear.

Espantos

Duendes y fantasmas,
monstruos espantosos,
dentro de mi libro
se ven horrorosos.
Temibles y feos,
les gusta chillar,
y el Día de las Brujas
¡ salen a jugar!

Disfraces

¡ Qué divertido
es disfrazarse!
Ser un pirata atrevido
o un payaso divertido.
Ser una bruja espantosa
o una princesa preciosa.
¡ Cuando me disfrace hoy
tú ya no sabrás quién soy!

Trato o truco

Se pasan muy buenos ratos
pidiendo "Tratos o trucos".
Si me preguntan quién soy,
sólo "¡Buuu!" respondo hoy.

Fiestas

Quisiera
   que todos los días fueran
   Día de las Brujas
   y no sólo un día al año.
Tomamos cidra caliente,
   comemos rosquillas
      y pescamos manzanas con la boca.
Todos nos mojamos, pero no importa.
Las fiestas del Día de las Brujas
son muy divertidas.

Brujas

La Bruja Malvada
tiene una capa negra
un puntiagudo sombrero
y pelo como un plumero.
En su escoba mágica
vuela por los aires.
Y en su gran caldero
revuelve un estofado de brujas.
Una noche de viento
encontró sus mascotas:
murciélagos,
sapos
y un ratón gigante.

Gatos negros

Mi gato Mandrake
   es un gato embrujado.
Tiene grandes ojos verdes
y un pelo sedoso
   que suelta chispas
   en la oscuridad. . .
   si lo acaricio al revés.
Pero, ¡qué gracioso!,
si me envuelvo
   en una sábana,
Mandrake maúlla
   y se esconde debajo de la cama.

Espantapájaros

Cuando todo está oscuro
y sólo la luna alumbra
con su pálida luz amarilla,
y los únicos seres
que pasan
son gatos negros,
murciélagos y ratas
   y brujas en escobas,
   ¿tendrá miedo el espantapájaros?
¿Deseará tener mejor compañía
que una calabaza sonriente?
   Debería.
   ¡Yo la querría!

Linternas

Las calabazas son linternas
todavía por hacer.
Necesitan que papá
   les saque las semillas
   y les haga ojos,
            nariz,
            boca y
            hasta dientes
para poder sonreír.

Casas embrujadas

La casa vacía en la acera del frente
   se ve solitaria.
Sólo en el Día de las Brujas
   la gente dice que está embrujada.
      Suenan cadenas.
      Crujen las tablas.
      Y se oyen extraños ruidos.
Mi hermano dice que vio
   en una de las ventanas rotas
   un dedo huesudo que se movía,
      y que oyó una voz que gritaba:
      "Buu... uuu... uuu".
         Y se asustó muchísimo.

Ardillas

Las ardillas que viven
en nuestro roble
   no se parecen a mí.
Yo recibo
lo que me regalan cuando digo:
"Trato o truco".
   Pero. . .
ellas tienen que almacenar
   nueces y bellotas.
Si pongo algunas en el patio,
las ardillas no tendrán
      que trabajar tanto.

Búhos

Desde la alta rama
de un árbol retorcido,
el búho de grandes ojos
　me ha reconocido.
　　"Uuuu" me grita.
El viento de la noche lo imita
　y suspira: "Uuuu".
Corro hasta mi casa
y cierro la puerta
para que no me griten:
　　"Uuuu, uuuu".

Monstruos

Mi madre dice que los monstruos
    no existen de verdad,
sólo en la imaginación.
    Pero cuando nos disfrazamos
    de noche, y corremos
    gritando:
        "Trato o truco",
    algunas veces me olvido.
Al final de la Noche de Brujas
    nos quitamos los disfraces.
        Y me alegro.
Los monstruos son, en verdad, mis amigos.

Historia

Le pregunté a mi mamá:
    —¿Quién inventó el Día de las Brujas?
Se rio y me dijo:
    —Hace mucho tiempo
    la gente creía que las hadas
            y las brujas
                y los duendes
            existían.
    Y hacían grandes fogatas
    para espantarlos.
    Y contaban cuentos de fantasmas
    como hacemos nosotros.
Me alegro.
A mí me gusta el Día de las Brujas.
Y también me gustan
    los cuentos de fantasmas.